LIDERANÇA

Desenvolva Suas Habilidades Gerenciais E Se Comunique De Forma Eficaz Com Sua Equipe

(Livro De Liderança Para Melhor Tomada De Decisão E Sucesso)

Dale Covin

Traduzido por Daniel Heath

Dale Covin

Liderança: Desenvolva Suas Habilidades Gerenciais E Se Comunique De Forma Eficaz Com Sua Equipe (Livro De Liderança Para Melhor Tomada De Decisão E Sucesso)

ISBN 978-1-989837-62-7

Termos e Condições

De modo nenhum é permitido reproduzir, duplicar ou até mesmo transmitir qualquer parte deste documento em meios eletrônicos ou impressos. A gravação desta publicação é estritamente proibida e qualquer armazenamento deste documento não é permitido, a menos que haja permissão por escrito do editor. Todos os direitos são reservados.

As informações fornecidas neste documento são declaradas verdadeiras e consistentes, na medida em que qualquer responsabilidade, em termos de desatenção ou de outra forma, por qualquer uso ou abuso de quaisquer políticas, processos ou instruções contidas, é de responsabilidade exclusiva e pessoal do leitor destinatário. Sob nenhuma circunstância qualquer, responsabilidade legal ou culpa será imposta ao editor por qualquer reparação, dano ou perda monetária devida às informações aqui contidas, direta ou indiretamente. Os respectivos autores são proprietários de todos os direitos autorais não detidos pelo editor.

Aviso Legal:

Este livro é protegido por direitos autorais. Ele é designado exclusivamente para uso pessoal. Você não pode alterar, distribuir, vender, usar, citar ou parafrasear qualquer parte ou o conteúdo deste ebook sem o consentimento do autor ou proprietário dos direitos autorais. Ações legais poderão ser tomadas caso isso seja violado.

Termos de Responsabilidade:

Observe também que as informações contidas neste documento são apenas para fins educacionais e de entretenimento. Todo esforço foi feito para fornecer informações completas precisas, atualizadas e confiáveis. Nenhuma garantia de qualquer tipo é expressa ou mesmo implícita. Os leitores reconhecem que o autor não está envolvido na prestação de aconselhamento jurídico, financeiro, médico ou profissional.

Ao ler este documento, o leitor concorda que sob nenhuma circunstância somos responsáveis por quaisquer perdas, diretas ou indiretas, que venham a ocorrer como resultado do uso de informações contidas neste documento, incluindo, mas não limitado a, erros, omissões, ou imprecisões.

Índice

Parte 1 1

Introdução 2

Capítulo 1: O Que Faz Um Líder? 4

INTELECTO SUPERIOR 5
INTENÇÕES NOBRES 6
REPUTAÇÃO 7
REGISTO DE REALIZAÇÃO 7

Capítulo 2: Desenvolver Caraterísticas De Liderança Interna 9

INSTINTOS DE LIDERANÇA 9
CONHECIMENTOS 10
CAPACIDADES DE COMUNICAÇÃO 11
COMPROMISSO 12

Capítulo 3: A Base Da Sua Liderança – A Confiança 14

GANHAR EXPERIÊNCIA 15
AMPLIE A SUA REDE COM OUTRAS PESSOAS CONFIÁVEIS 16
DEMONSTRAR COMPETÊNCIA REGULARMENTE 16
PRATIQUE UM PROCESSO AO FAZER ALTERAÇÕES 17
AS MUDANÇAS DEVEM SER BEM COMUNICADAS AOS SEGUIDORES .. 19
SAIBA COMO AJUSTAR OS SEUS ESTILOS DE COMUNICAÇÃO 21
SEJA ORGANIZADO QUANDO APRESENTAR IDEIAS 21
GANHE A CONFIANÇA DOS LÍDERES DA COMUNIDADE PRIMEIRO 22

Capítulo 4: O Processo Da Liderança 25

CONSTRUIR AS SUAS CAPACIDADES DE LIDERANÇA 25
APRENDER SOBRE OS OBJETIVOS DA ORGANIZAÇÃO 26
APRENDER SOBRE OS SEUS SEGUIDORES 27
APRENDER COMO PODERÁ AJUDAR A ORGANIZAÇÃO A ATINGIR OS SEUS OBJETIVOS. 28
CRIAR UMA VISÃO DE SUCESSO E COMUNICÁ-LA. 31

Capítulo 5: Recolher Informação Sobre O Caminho........... 34

APRENDER ATRAVÉS DOS ANTERIORES LÍDERES............................. 34
PRESTAR ATENÇÃO DE ESPECIALISTAS 35
ACOMPANHE O SEU PROGRESSO 36

Capítulo 6: Capacitar Os Seus Seguidores 38

AUMENTE A CONFIANÇA DOS SEUS SEGUIDORES 38
DÊ CRÉDITO ONDE É DEVIDO 39
MOSTRAR QUE SE PROCURA COM OS SEUS SEGUIDORES 39
CERQUE-SE COM OS SEUS MELHORES SEGUIDORES 41
ENSINE AS SUAS CAPACIDADES A SEGUIDORES PROMISSORES 42
PARTILHAR A SUA APRENDIZAGEM COM OS OUTROS 43
DELEGAR RESPONSABILIDADES 44
DISTRIBUIR A COMPENSAÇÃO 46

Capítulo 7: Fazersacrifícios 47

DIGA O QUE ESTÁ DISPOSTA A FAZER 47
DEFINA OS PADRÕES QUE QUER DOS SEUS SEGUIDORES 48

Conclusão 51

Parte 2 52

Introdução 53

Capítulo 1: O Que É Liderança? 55

O QUE FAZ UM LÍDER? 56

Capítulo 2: Grandes Líderes Ao Redor Do Mundo 59

Capítulo 3: Como Desenvolver Sua Personalidade? 66

Capítulo 4: Como Ser Um Líder Melhor? 74

Conclusão 82

Parte 1

Introdução

\Quero agradecer-lhe e congratulá-lo por ter descarregado este livro.

Este livro contém passos e estratégias comprovadas de como se tornar num líder eficaz.

Liderança é uma combinação de capacidades e conhecimento para gerir as pessoas de forma a alcançarem objetivos específicos. Algumas pessoas pensam que isso envolve controlar aquilo que os outros fazem. A primeira lição que irá aprender neste livro é que nunca se pode controlar o comportamento das pessoas se eles não quiserem fazer aquilo que você quer que eles façam. Cada pessoa decide o que irá fazer num determinado tempo.

Um líder apenas influencia as ações dos seus seguidores. Um líder faz com que os seus seguidores acreditem que o que eles estão a fazer é benéfico aos outros, à organização ou a eles próprios. Este livro mostra quais as qualidades necessárias e quais as capacidades necessárias para se tornar num líder eficaz.

Agradeço uma vez mais por descarregar este livro. Espero que o desfrute!

Capítulo 1: O que faz um Líder?

As pessoas pensam que a Liderança é como uma capacidade que se pode aprender. Não é. É uma combinação de características. Essa combinação cria uma aura de influência. É uma influência líder que faz com que os seus seguidores façam o que lhes é proposto.

Quando pensamos em líderes, pensamos nos antigos presidentes, pessoas inteligentes, grandes atletas ou os seus treinadores. Líderes vêm de todas as formas e tamanhos. Mesmo um grupo de jovens tem um líder. O que todos os líderes têm em comum é que as pessoas os seguem. Quando eles falam, as pessoas ouvem. É isto que faz um líder especial.

Às vezes, as pessoas são colocadas em posições de liderança para influenciar pessoas que não as conhecem. Um bom exemplo é quando um desconhecido é contratado para ser gestor. Nesses tipos de situações, as pessoas são forçadas a ouvirem o líder designado. Contudo, sem influência, essa pessoa não será muito eficaz. Sem influência, é apenas uma questão de tempo ate que os membros do grupo ou da organização o deixem, mudem de líder ou agem de forma indiferente ao líder e à organização.

Quando é colocado numa posição de liderança, é preciso estabelecer a sua influência sobre as pessoas que lidera num curto período de tempo. Independentemente do tipo de título que tenha, as pessoas irão procurar 4 fatores em si antes de o seguirem. Certifique-se que desenvolva estas características:

Intelecto Superior

As pessoas querem líderes que resolvam problemas. Quando nós falamos ao intelecto superior de um líder, não nos referimos ao seu QI ou qualquer outro parâmetro usado pelo mundo académico que meça inteligência. O que é mais importante é a sua inteligência em lidar com as preocupações da organização. O líder de um sindicato de trabalhadores requer um diferente conhecimento comparado com um CEO de uma empresa *startup*.

Intenções nobres

Uma organização faz os seus objetivos. Ela precisa que um líder certifique os seus objetivos são atingidos em circunstâncias que mudam constantemente. Se um líder tem outros objetivos em mente, a organização não conseguirá atingir os seus objetivos. Um bom exemplo são as agências governamentais. Estas organizações têm regras específicas para manter a sociedade habitável.

O governo central fornece financiamento e pessoas para que possam cumprir com as obrigações com a sociedade. Se o objetivo do líder for engordar a sua carteira, então a agência será menos capaz de cumprir com essas obrigações.

Poderá questionar-se; como poderão os meus seguidores saber se eu tenho boas intenções para a organização? As pessoas irão confirmar a sua integridade com base no seu histórico e na sua reputação.

Reputação

As pessoas que liderar irão também perguntar que tipo de líder é e o que os seus antigos seguidores pensam sobre si. A sua reputação como líder poderá afetar a sua primeira impressão em novas organizações.

Se geralmente tem uma má reputação, pode ultrapassar isso criando novas relações na nova organização. Poderá levar algum tempo, se antes de ganhar a confiança deles, eles ouvirem más informações sobre si.

Registo de Realização

No ambiente dos negócios, os líderes são apresentados declarando as suas conquistas. Essas declarações de sucesso não servem apenas para impulsionar o ego do líder. A sua finalidade é mostrar aos futuros seguidores a experiência da pessoa que está prestes a liderá-los. Um líder experiente é preferido que um novato porque os seguidores acham que aquele que tem muita experiência tem maior probabilidade de sucesso.

Capítulo 2: Desenvolver Caraterísticas de Liderança Interna

No capítulo anterior, falámos sobre as características que os seus seguidores irão procurar. Existem algumas qualidades de liderança que eles não irão procurar, mas que deverá desenvolver.

Instintos de liderança

Os instintos de liderança referem-se à habilidade de se aperceber dos sentimentos e impressões que os seus seguidores têm sobre si. Um capitão com uma tripulação descontente não permanecerá muito tempo na sua posição. Você precisa de estar ciente do que os seus seguidores pensão se quiser ser um líder de sucesso. Na maioria das vezes, os seus seguidores não irão dizer quais são os seus pensamentos e sentimentos na sua cara. Contudo, irão fazê-lo com os seus outros colegas.

Deverá constantemente observar o comportamento dos seus seguidores. Poderá aprender sobre o que os seus seguidores pensam colocando pessoas em quem confie perto deles. Tendo um aliado no meio dos seus seguidores irá permitir receber informação que normalmente não irão dizê-lo na sua frente.

Deverá também manter a sua comunicação com outros membros influentes do grupo. Necessitará de criar uma coleção de seguidores em quem possa confiar para lhe darem informações. Aprendendo sobre o que os outros pensam de si, será capaz de ajustar o seu tipo de liderança e as ações necessárias para criar química na equipa.

Conhecimentos

Também irá precisar de grandes relações com pessoas do lado de dentro e de fora da organização que lidera. De fora da organização, irá precisar de pessoas que irão ajudar a sua equipa a chegar mais perto dos seus objetivos. Se o objetivo da sua empresa, por exemplo, é conseguir empregados mais empenhados e talentosos, irá necessitar de conhecimentos no mundo académico.

Também irá precisar de especialistas que lhe darão conselhos úteis sobre como ajudar a equipa a atingir as suas metas.

Dentro da sua organização, necessitará de desenvolver relações dos grupos menores que se formam dentro deles. Em grandes organizações, não pode esperar que todos sejam amigos. Em grandes organizações, existe sempre grupos que se formam. Cada um desses grupos tem o seu próprio líder informal. Eles confiam dessa pessoa e irão ouvi-la quando ela falar. É preciso construir relações com essas pessoas para ser capaz de conseguir influenciar todos. Iremos abordar melhor como poderá ganhar a confiança destas pessoas no capítulo seguinte.

Capacidades de Comunicação

É necessário aprender como comunicar eficazmente com os seus seguidores. As suas ideias só irão tornar-se realidade se for capaz de transferi-las para os seus seguidores. É necessário aprender quando fazer com os seus seguidores como um grupo e quando fazer com eles em privado.

Muitas pessoas pensam que ter uma linha de comunicação aberta torna-os mais perto de nós. Existem alturas que é vantajoso tê-los próximos de nós, mas existem outras que é necessário manter uma certa distância. Como líder, é necessário ser capaz de tomar decisões sem o peso emocional que vem da relação próxima com os seus membros.

Compromisso

É necessário ter um compromisso com a organização que está a liderar e com os seus objetivos. Se o compromisso do líder com o objetivo for questionável, os membros da organização não se irão comprometer.

Quanto mais tempo demorar para completar um objetivo, maior deverá ser o compromisso. Mais à frente, iremos falar sobre os sacrifícios que deverá estar disposto a fazer pelo objetivo. Deverá pensar em como se vai esforçar para atingir o seu objetivo. Deverá começar a pensar em que sacrifícios necessitará de fazer para alcançar os objetivos e que sacrifícios terá de pedir aos outros membros da organização.

Capítulo 3: A Base da sua Liderança – A Confiança

Nem todos os grandes líderes são bem-vistos, mas todos eles confiam nos seus seguidores. Quando assume uma posição de liderança, primeiro tem de ganhar a confiança dos seus seguidores. Eles precisam de confiar na sua palavra e acreditar na informação que lhes transmite. Eles precisam de confiar nas suas decisões. Quando os seus seguidores têm fé nas suas capacidades de tomar decisões, eles irão segui-las mesmo que não concordem.

Uma das melhores maneiras de ganhar a confiança das pessoas em seu redor é ter uma reputação confiável. Quando um novo líder entra numa organização, o primeiro instinto das pessoas da organização é pesquisar sobre a reputação dessa pessoa. Eles irão procurar informações sobre si e perguntar a outras pessoas que tipo de pessoa é que é. Eles irão depois decidir se tem as competências necessárias para liderar a organização.

Agora que sabe o que eles irão fazer depois de entrar numa posição de liderança, deverá começar a construir "pontos de confiança" no seu histórico. Aqui estão algumas das estratégias que pode usar:

Ganhar experiência

Normalmente costuma-se ver os membros mais antigos da organização nas posições de liderança de topo. É-lhes atribuída esta responsabilidade por, supostamente, terem mais experiência do que os outros. Poderá ganhar capacidades de liderança numa idade mais jovem se procurar ativamente experiências que irão melhorar essas capacidades.

Uma das melhores maneiras de ganhar experiência é enfrentar tarefas difíceis. Muitos dos membros mais jovens da organização tentam fugir das tarefas difíceis pensando que são voltadas para os membros mais antigos. Por outro lado, você deverá fazer o oposto. Quando está a começar, deverá colocar-se em equipas que lidam com esses tipos de tarefas.

Estas equipas normalmente tem os membros mais talentosos da organização. Você irá aprender melhor com eles.

Amplie a sua rede com outras pessoas confiáveis

Estar associado a outros membros confiáveis da comunidade ajudá-lo-á a desenvolver a sua imagem. Quando está ainda a construir a sua carreia, deverá fazer esforços para conseguir construir relações com esses tipos de pessoas.

Se ainda não o fez no passado e está prestes a assumir uma posição de liderança, deverá pensar em membros confiáveis que conhece na organização e que poderão introduzi-lo na organização que está prestes a liderar.

Demonstrar competência regularmente

Se quiser ser um grande líder no futuro, deverá começar a mostrar competência no trabalho que faz. Deverá ser capaz de realizar o trabalho independentemente dos desafios que estão à sua frente. Pessoas competentes sabem como resolver problemas. Elas não permitiram grandes tarefas e desafios para sobrecarregar a sua mente. Elas sabem como lidar com stress e por isso conseguem alcançar os seus objetivos.

Deverá também mostrar essas características mesmo quando ainda não é líder. Quando é colocado numa posição de liderança, os seus potenciais seguidores irão olhar as suas anteriores realizações. Se eles observarem no seu histórico que é competente mesmo quando enfrentando obstáculos difíceis, eles poderão começar a confiar nas suas capacidades.

Pratique um processo ao fazer alterações

Uma das mais difíceis tarefas do trabalho de um líder é conhecer a correta direção da organização. Nas empresas, as mudanças podem significar retração. Nas equipas de desporto, as mudanças podem significar que certos jogadores podem não conseguir jogar. Contudo, as mudanças são necessárias se a empresa, organização ou equipa quiser melhorar o seu desempenho.

Os líderes, normalmente, recebem a tarefa de decidir sobre os tipos de mudanças que têm de ser feitas. Quando a decisão é tomada, os líderes, podem também receber a tarefa de a implementar. Quando se planeia e se implementam mudanças, é necessário manter o objetivo da empresa. Todas as mudanças devem melhorar as probabilidades de atingir os objetivos da organização.

Muitas mudanças são óbvias e não exigem muita reflexão. As mudanças que envolvem os seus seguidores são as mais difíceis de planear e implementar. Deixe-nos dizer que existem determinados empregados na sua organização que não seguem os padrões exigidos. A solução obvia é remover esses empregados e trazer aqueles que são mais propensos a ter um melhor desempenho.

Embora o plano possa parecer ótimo em papel, pode não funcionar assim tão bem na sua implementação. Algumas das pessoas que retirar podem ser bem-vistas na organização e o seu afastamento pode afetar a moral dos outros empregados. Eles podem questionar a segurança do seu próprio emprego.

Por outro lado, as novas pessoas que trouxer podem não ser muito bem-recebidas. A introdução de novas pessoas pode criar conflitos que não são contabilizados na fase de planeamento. Todas as vezes que traz novos membros, está sempre sujeito a afetar a química da equipa.

Estas mudanças podem trazer efeitos negativos no desenvolvimento da equipa ou organização.

As mudanças devem ser bem comunicadas aos seguidores

Muitos líderes amadores pensam que podem fazer o que quiserem na organização que lideram. Eles tomam decisões sem deixar que os seus seguidores saibam. Esta atitude faz com os seus seguidores não se sintam importantes na organização.

Não deve tomar esta atitude quando está a liderar. Muitas pessoas têm medo de mudanças. Contudo, o medo delas tende a ser menor se as mudanças forem anunciadas no tempo adequado. Isso dá-lhes tempo para ajustar as mudanças. É apenas o desconhecimento de mudanças que faz com que as pessoas as odeiem. Quando os seus seguidores se familiarizarem com as mudanças que estão prestes a acontecer, eles poderão esperar e planear desafios.

Para fazer mudanças suportáveis aos seus seguidores, é necessário dar-lhes tempos para as processar nas suas mentes. Deverá discutir com os seus seguidores as suas decisões. Deverá também discutir como as mudanças que irá implementar irão melhorar a probabilidade de sucesso da organização.

Se for um treinador por exemplo, em vez de mudar as posições dos seus jogadores do nada, deverá apresentar primeiro uma ideia e dar-lhes tempo para praticarem as suas novas posições. Desta forma, eles estão mais preparados quando chegar a hora de jogar.

Saiba como ajustar os seus estilos de comunicação

A comunicação é ferramenta mais importante quando quer conquistar a confiança. Contudo, deverá ajustar o estilo de comunicação que irá usar com cada membro da sua equipa. Algumas pessoas apenas preferem comunicar se existir um propósito. Neste tipo de pessoas, é preciso ter a certeza que a reunião está marcada na agenda e que o tempo não seja desperdiçado.

Alguns tipos de membros preferem discutir para passar o tempo. Deverá passar mais tempo a falar com essas pessoas. Elas são grandes fontes de informação se precisar de saber a moral dos seus seguidores.

Seja organizado quando apresentar ideias

Quando fala para um grupo como um todo, deverá mostrar organização. Deverá planear a ordem com que irá apresentar a mensagem e terminar sempre com uma nota positiva. Não existe melhor altura para mostrar essas qualidades do que quando se introduz aos seus colegas. Em introduções, as conquistas das pessoas são, em geral, mencionadas primeiro. Deverá permitir que alguém diga essa informação. As suas grandes realizações têm sempre um peso maior quando dito por outra pessoa. Quando for a sua vez de falar, deverá focar-se nos objetivos da organização e em como cada membro desempenhará um papel importante para os alcançar.

Ganhe a confiança dos líderes da comunidade primeiro

Como mencionado no capítulo anterior, em grandes organizações, existem sempre subgrupos que têm os seus próprios líderes. As empresas por exemplo, são divididas em diferentes departamentos. Mesmo nas organizações onde as divisões são claras, existem líderes. Por isso, é importante conhecer quem são os líderes desses subgrupos.

Depois de se introduzir às pessoas que irá liderar, deverá reunir-se com os líderes desses subgrupos e criar relações com eles. Para ser capaz de ganhar a confiança da restante organização, é necessário primeiro conquistar a confiança destes líderes.

Quando se reunir com estas pessoas, deve mostrar posição e autoridade. Deverá divulgar a mensagem que espera deles para eles próprios liderarem esses subgrupos e ajudarem a organização a atingir os seus objetivos.

Deverá também questionar a cada um dos líderes o que eles esperam de si. Deixando-os falar, deixá-los-á com uma boa impressão de si. Alguns deles que não ficarem muito agradados em ter um novo líder irão mostrar uma atitude negativa na reunião. Se observar que isto está a acontecer, poderá assumir que o resto do subgrupo que essa pessoa lidera também possam sentir o mesmo.

Neste caso, deverá explicar-lhes o que você espera de cada um deles. Esta atitude, daráoportunidade para mostrar aos membros influentes da organização a sua própria autoridade.

Quando estiver a fazer tudo isto, deverá observar cortesia e boas maneiras. Mesmo quando a tensão subir entre os participantes, deverá manter a compostura. Esta reunião entre os líderes da organização é uma oportunidade para você conseguir uma primeira impressão. Os líderes destes subgrupos também levarão esta reunião como uma oportunidade para aprender um pouco sobre si. Deverá para isso, ter o controlo de todas as mensagens verbais e não-verbais que transmitir.

Capítulo 4: O Processo da Liderança

Se você pensa que será um excelente líder assim que ler este livro, pode estar a ler o livro errado. A liderança não pode ser aprendida num dia. Poderá aprender que qualidades precisam de ser desenvolvidas, mas não será capaz de as desenvolver até ir para o terreno e testar as suas capacidades.

Para se tornar num líder eficaz, você precisa de passar por um processo. Deverá passar por esta processo todas as vezes que começar uma nova posição de liderança.

Construir as suas capacidades de liderança

Você deverá sempre construis as suas capacidades de liderança. Algumas das capacidades básicas que precisa de aprender foram discutidas nos capítulos anteriores. Se só agora está a começar, precisa de conhecer as suas capacidades de comunicação e a sua habilidade para ler outras pessoas. O seu objetivo como líder é ter a certeza que a sua equipa ou organização atingem os seus objetivos. Por causa disso, deverá aprender também sobre os fundamentos de estabelecer metas e como atingi-las. Isto inclui capacidades para gerir recursos e tempos.

Aprender sobre os objetivos da organização

Depois de construir as suas capacidades de liderança, precisará de aprender mais sobre a organização onde trabalha e quais os seus objetivos. Como líder, deverá focar-se nesses objetivos.

Normalmente, novos líderes são chamados quando a organização está a ter dificuldades em atingir os seus objetivos. Deverá rever como a organização tem atingido esses objetivos no passado. Se nas anteriores tentativas, a organização não atingiu esses objetivos, necessitará de identificar os fatores que contribuem para essa falha. Deverá tomar nota das áreas onde a organização ficou aquém. E deverá também olhar para ações que não foram completas pela organização.

Se quiser ter sucesso a longo prazo na organização onde trabalha, necessita de ter a certeza que os seus objetivos estão alinhados com os da organização. Não deverá ter reservas morais quando se trata de ajudar essa organização a alcançar os seus objetivos. Os seus seguidores saberão se não estiver totalmente confiante. Eles irão sentir isso nas palavras que utilizar e nas pistas não-verbais que irá mostrar.

Aprender sobre os seus seguidores

À parte de algumas qualidades discutidas e partes anteriores do livro, o seu seguidor poderá procurar por qualidades adicionais no seu líder ideal. Para conhecer sobre essas qualidades, é necessário conhecer as pessoas que está a liderar. É necessário conhecer o que as motiva serem uma parte da equipa. Também deverá procurar saber sobre a pessoa que, no passado, as liderou.

Quanto mais souber sobre as pessoas que irá liderar, mais preparado estará para o seu trabalho. Quando chegar à organização que irá liderar, deverá falar com os seus futuros seguidores. Deverá experimentar conhecer sobre o tipo de vida que eles têm, as suas aspirações e o que a concretização do objetivo significa para elas. Deverá também tentar conhecer através de perguntas o que as motiva. Isto ajudá-lo-á a conhecer as prioridades deles.

Aprender como poderá ajudar a organização a atingir os seus objetivos.

Como líder, o seu objetivo é guiar a equipa a atingir o objetivo da organização. Se não conseguir atingir o objetivo, será culpado. Normalmente, nos negócios, o objetivo é aumentar o número de vendas. Numa equipa de desporto, normalmente, o objetivo é serem campeões numa competição.

Como líder da equipa ou organização, cabe a si certificar-se que a sua equipa está treinada e equipada para a realização das tarefas necessárias para o objetivo. Nos negócios, isto significa que precisará de trazer nos métodos para melhorar as capacidades dos seus colaboradores. Será também o responsável por trazer novas tecnologias que permitam melhorar as capacidades desses colaboradores.

Como líder é também responsável pela implementação de difíceis mudanças na organização. Poderá precisar de trazer novas pessoas para assegurar o sucesso. Poderá também necessitar de retirar determinadas pessoas de certas posições. Nem todos poderão concordar com as mudanças que propuser, mas mantenha essas decisões se acreditar nelas para a melhoria da organização e no aumento da probabilidade de sucesso.

Por fim, necessitará de desenvolver um plano para se aproximar dos objetivos. Nas equipas de desporto, o treinador é aquele que desenha a estratégia que a equipa irá usar. Nos negócios, o CEO pode não ser aquele que cria os planos e solução para o crescimento, mas ele ou ela tem a última palavra na tomada de decisão.

Como líder, precisará de aceder aos recursos que atualmente possui. Precisará de aceder aos talentos dos seus seguidores para certificar-se que cada membro tem as tarefas certas.

Considere sempre o fator humano que afeta o caminho para o objetivo.

Muitos líderes pensam que os seus seguidores são como recursos que precisam de ser geridos e usados eficientemente. Isto permite-lhes fazer planos que deixem os seus colaboradores apertados de tempo e de energia. Se quiser que os seus seguidores tenham um bom desempenho, não deverá olhá-los como meros recursos.

Você terá de pensar cada um como uma pessoa. À parte do tempo, energia e capacidades que eles possam oferecer á organização, eles têm também as suas aspirações. Eles poderão estar a atravessar dificuldades na vida.

Considerando-os como seres humanos em vez de recursos, terá de ajustar o seu plano para proporcionar descanso aos seus colaboradores. Deverá considerar também que eles têm muito conhecimento para oferecer que poderá ser utilizado para concretização do seu objetivo.

Criar uma visão de sucesso e comunicá-la.

Quando tiver um plano claramente definido, deve criar uma visão de sucesso. Na sua mente, deverá imaginar que como irá ser quando a sua organização ou equipa atingir os seus objetivos. Deverá também começar por imaginar-se em relação ao sucesso do objetivo. Deverá imaginar o local e um evento específico. Para as equipas de desporto, o evento pode ser quando elas recebem o troféu do campeonato. Para as empresas, a visão pode ser a de uma empresa grande a servir grandes clientes e os empregados séniores ganharem grandes salários.

Quando tiver uma clara figura de como o sucesso será, então deverá imaginar o que cada equipa tem de concretizar para contribuir para a realização dos objetivos organizacionais. Deverá também imaginar os seus seguidores com as suas metas e procurar reconhecê-los quando as atingem.

Deverá criar uma lista diária para a visão do sucesso. Esta visão permite ver o que o futuro reserva. Como líder, a ideia de sucesso deverá ser clara para si. Se não tiver a certeza de como será, os seus seguidores irão ficar confusos no que a organização pretende atingir.

Se os objetivos da organização demorarem muito tempo para ficarem completos, deverá constantemente lembrar-se da visão para o sucesso. Poderá rever a lista diária que criou de forma a avivar a sua mente da visão.

Agora que sabe o que significa o sucesso, deverá começar a comunica-los aos seus seguidores. Deverá também incluir esta visão quando introduzir-se aos seus seguidores. Deverá relembrar os seus seguidores desta visão de todas as vezes que eles enfrentarem um desafio.

Deverá preparar o seu discurso de comunicação da sua visão para o sucesso de forma a certificar-se que é realizado de forma clara. Deverá certificar-se que todos os subgrupos da organização são mencionados. Se está a liderar uma pequena equipa, deverá assegurar-se que cada membro do grupo está incluído no discurso. Eles sentem-se especiais por serem mencionados e ao mesmo tempo eles sabem logo o que espera deles.

A visão do sucesso dá direção à sua equipa. Se você comunicar a sua visão eficazmente, cada pessoa na equipa ou organização terá a direção no mesmo objetivos e conhecerá o seu próprio papel para atingir o objetivo.

Capítulo 5: Recolher informação sobre o caminho

Em capítulos anteriores, discutimos que um líder visa ajudar a organização a atingir os seus objetivos. Ele faz isso usando talentos e recursos da organização eficazmente.

Contudo, um líder não consegue ser eficaz se ele não souber o que fazer para atingir o objetivo organizacional. Como líder, precisa de saber o melhor método para atingir o objetivo organizacional.

Aprender através dos anteriores líderes

Deverá conhecer as metodologias utilizadas pelos anteriores líderes para atingirem o objetivo. Quando mais conhecer sobre o caminho percorrido, mais equipada estará a sua equipa para lidar com os desafios. Deverá reunir-se com líderes que estiveram na sua posição no passado. Perguntar-lhes o que eles fizeram. Também, perguntar-lhes o que eles poderiam fazer de diferente se tivessem na sua posição.

Se não tiver acesso aos anteriores líderes, deverá ler livros e artigos de caminhos percorridos por pessoas que enfrentaram os mesmos desafios que você. Deverá tomar nota de lições de liderança que poderá utilizar na sua situação.

Deverá comparar os eventos no passado com a sua situação atual. Deverá considerar os mesmos desafios que os anteriores líderes enfrentaram. Quando observar os mesmos desafios, deverá tomar nota nas soluções utilizadas no passado para lidar com esses desafios.

Prestar atenção de especialistas

Independentemente do quão inteligente é, existirão sempre perguntas que serão novas para si. Se encontrar uma dúvida ao planear o objetivo da sua organização, considere pedir a opinião do especialista para obter respostas. Mesmo os melhores treinadores desportivos recorrem a profissionais de condicionamento físico para manter os corpos dos atletas em forma. Até os melhores generais têm analistas que lhes dão interpretações de dados. Também precisará de especialistas para o ajudar a tomar decisões sobre como alcançar as suas metas com mais rapidez e eficiência.

Acompanhe o seu progresso

Uma forma de conhecer se o seu plano está a funcionar é acompanhar o progresso que a sua equipa ou organização tem feito de forma a atingir o objetivo. Acompanhar o progresso dir-lhe-á se os esforços da sua equipa são suficientes para atingir os objetivos no tempo estimado. Se as estatísticas disserem que o progresso está a ir devagar, será capaz de conhecer que áreas da organização necessitam de ajuda.

Ajuste-as assim que as conhecer.

Existem algumas situações que só irá conhecer depois do estado de planeamento. Quando se encontrar com essas situações, tem de aceitar rapidamente o seu erro e garantir que são feitos os ajustes necessários para atingir os objetivos. Muitos líderes são tão orgulhosos que deixam os planos como os desenharam. Você precisa de colocar o seu orgulho de lado e focar-se apenas nos ajustes que necessitam de ser feitos para ir ao encontro das metas delineadas.

Capítulo 6: Capacitar os seus seguidores

Muitas pessoas pensam que o líder é um membro *"superstar"* da organização. Nos filmes e em series, vemos os líderes como aqueles que têm todo o poder e saúde. Se está á espera da mesma coisa quando se tornar um líder, terá uma surpresa.

Os melhores líderes do mundo não se focam no que eles conseguem ganhar na posição. De facto, fazer isso é contra procedente para a concretização dos objetivos da organização. Os grandes líderes capacitam os seus seguidores porque eles sabem que o sucesso está no desempenho coletivo dos membros da equipa.

Aumente a confiança dos seus seguidores

O elogio de um líder é importante para os seus seguidores. Poderá usar elogios bem colocados para aumentar a confiança das pessoas ao seu redor. Quando um dos seus seguidores se está sentindo em baixo, por exemplo, poderá elevar o humor dele elogiando o trabalho dele. As pessoas sabem se está a usar elogios apenas para manipular comportamentos, por isso só deverá dar louvores genuínos.

Dê crédito onde é devido

Muitos gestores tomam crédito dos colaboradores. Contudo, quando as coisas não correm bem, alguns desses gestores põem as culpas nos outros. Este tipo de líder origina conflitos dentro da sua organização. Quando existe conflitos, os membros da organização estão mais focados nesse conflito do que nas tarefas que lhes foram destinadas. Como líder, deverá certificar-se que as pessoas que merecem são promovidas e têm benefícios especiais.

Mostrar que se procura com os seus seguidores

Muitos líderes de empresas agem como celebridades nas suas organizações. Eles tratam os seus seguidores como bonecos, acenando para eles e dizendo algumas linhas praticadas. Com o tempo, os seus seguidores ressentem-se por causa da distância que mantêm dos seus seguidores.

Como líder, não deverá agir como se estivesse acimas deles. Você pode adicionar valor às pessoas com quem trabalha falando com elas diariamente. Por exemplo, pode comer a sua refeição com algumas das pessoas com quem trabalha. Você pode comer com um diferente conjunto de pessoas todos os dias para assegurar-se que conhece e fala com todos.

Quando passa por um grupo dos seus seguidores durante o dia, por exemplo, você pode cumprimenta-los. Se tiver tempo, porque não conversa um pouco com eles. Em comemorações dentro da organização, deverá ligar-se com o maior número de pessoas que conseguir.

Fazendo estas ações sociais, dará a impressão que você é um deles.

Comunicando com eles regularmente, também dará a oportunidade ouvir a visão deles sobre a organização e as estratégias levadas a cabo para atingir os objetivos organizacionais. Se eles tiverem a enfrentar problemas nas suas tarefas específicas, ouvirá também em primeira mão. Alguns gestores tendem a diminuir o impacto dos assuntos organizacionais quando os reportam aos seus chefes.

Cerque-se com os seus melhores seguidores

Posições chave na organização devem ser atribuídas a pessoas que têm mais potencial para a concretização do objetivo. No mundo corporativo, muitos líderes intimidam-se quando membros talentosos os cercam. Eles temem que o brilho de outras pessoas supere as suas.

Não deverá permitir que os seus medos ou orgulhos tomem conta de si. Rodeando-se de excelentes trabalhadores e pensadores, estará a melhorar as oportunidades da organização para atingir os seus objetivos. Pessoas que faze um excelente trabalho melhoram o desempenho das pessoas à volta delas. Por isso, deverá sentir-se agradecido se existirem pessoas na sua equipa que são brilhantes ou ainda mais brilhantes que você. Essas pessoas devem encorajá-lo para aprender mais e desenvolver as suas capacidades.

Ensine as suas capacidades a seguidores promissores

Excelentes líderes levam tempo para desenvolver outros líderes. Muitos gerentes tendem a egoístas em partilhar os seus conhecimentos e habilidades porque têm receio de perder os seus empregos. Excelentes líderes sabem que se eles continuarem a aprender, a segurança do seu trabalho nunca estará em perigo. Eles são confiantes ao ensinarem as suas capacidades aos seguidores que mostram pretensões se virem a ser líderes.

Quando escolhendo um assistente, por exemplo, deverá escolher a pessoas que mostra mais qualidades desse grande líder. Entre as qualidades que aprendeu neste livro, deverá colocar mais peso na integridade acima de todos os outros. Ao torná-los assistentes ou torna-los na sua mão direita, dar-lhes-á a oportunidade de aprender com as suas atividades diárias. Deverá melhorar as qualidades que eles já têm e desenvolver as capacidades e qualidades que precisam de ser melhoradas.

Partilhar a sua aprendizagem com os outros

Como mencionado em capítulos anteriores, os grandes líderes não param de aprender. Como aprendeu, deverá partilhar o seu conhecimento com as pessoas ao seu redor. Quando está apenas a começar, deverá focar-se na partilha de conteúdo motivacional. Ao trabalhar com a sua equipa e começar a conhecê-la pessoalmente, deverá partilhar algumas informações pessoais.

Os profissionais mais promissores procuram mentores para orientá-los na sua profissão escolhida. Deverá partilhar o seu conhecimento com esse tipo de pessoas. Algumas pessoas poderão não aceitar imediatamente o que lhes está a ensinar, mas mostrando coerências, elas poderão apreciar algumas das coisas das quais está a partilhar.

Delegar responsabilidades

Delegar é uma capacidade que todos os líderes devem partilhar. É a maneira do líder fazer uso do talento das pessoas em seu redor. Quando delega, um líder, não só estará a conservar as suas energias, mas também está a passar uma mensagem de confiança aos seus seguidores.

Não deverá confiar totalmente nas pessoas ao seu redor com tarefas importantes. Deverá reservar algum tempo a observá-los primeiro. Quando começa a liderar numa nova organização, deverá procurar as pessoas em que poderá confiar. Deverá tomar nota nas capacidades dessas pessoas para saber quais tarefas poderá delegar nelas.

Também deverá tomar nota nos grupos de pessoas que trabalham bem juntos. Pessoas que formam os sues próprios grupo dentro de um grande grupo já possuem relacionamentos bem estabelecidos. Eles já não precisam de se conhecer antes de começarem a trabalhar. Nestes casos, poderá atribuir grandes tarefas a este tipo de grupos.

Existem também pessoas que preferem trabalhar sozinhas. Algumas pessoas que preferem trabalhar sozinhas produzem uma maior qualidade de trabalho. É por causa dos seus altos padrões que preferem trabalhar sem a ajudar de outros. Deverá também conhecer quais as tarefas que melhor se adequam a esse tipo de pessoas.

Por último, deverá identificar quais as tarefas importantes para atingir os objetivos da organização. É aqui que deverá colocar o seu esforço e atenção. Deverá assegurar-se que as tarefas mais importantes são feitas no tempo e da forma certa.

Distribuir a compensação

No mundo do desporto, os salários dos jogadores variam imenso dependendo das suas capacidades e da sua anterior prestação. Os melhores jogadores da equipa, em geral, têm obtém o maior corte no teto salarial. Muitos jogadores ricos não se preocupam mais com dinheiro. De vez em quando, vemos os melhores jogadores a receberem cortes de pagamento para que outros jogadores também possam jogar no jogo. Fazendo isto, o jogador mostra que o seu principal objetivo não é o dinheiro, mas tornar a equipa mais preparada para competir no campeonato. Isto aumento a moral dos outros membros da equipa. Também vemos esta situação não melhores CEO's. Durante os cortes orçamentários, em vez de cortar os funcionários, alguns CEO's preferem cortar os seus próprios salários.

Capítulo 7: FazerSacrifícios

Como líder, deverá ser apaixonado pelas metas que lhe são exigidas. Se essas metas forem importantes para si, deverá estar disposto a fazer sacrifícios por isso. Não poderá pedir aos seus seguidores que façam sacrifícios para atingir metas das quais não está disposto a fazer sacrifícios por sua própria conta.

Diga o que está disposta a fazer

Sacrifícios referem-se às coisas que desistimos para aumentar a probabilidade e a velocidade de atingir o objetivo. Sacrifícios devem levá-lo a dar mais tempo, atenção e recursos para a realização de um objetivo. Os sacrifícios podem parecer difíceis às vezes, mas melhoram as probabilidades da equipa alcançar os seus objetivos.

Você poderá mostrar às pessoas que seguem o seu compromisso com o objetivo, deixando-as saber aquilo a que estará disposta a se sacrificar para o alcançar. Antes que possa informá-los, necessitará de listar esses sacrifícios. Deverá listar as conveniências que estará disposto a deixar para este objetivo. Deverá também incluir as oportunidades que está a perder devido ao compromisso com essa meta. Quanto mais importante for o objetivo, maiores serão os seus sacrifícios.

Defina os padrões que quer dos seus seguidores

Deverá exibir o comportamento que deseja dos seus seguidores. Se quer que os seus seguidores trabalhem duro, deverá também de trabalhar duro. Sequiser que eles cheguem cedo, deverá ser o primeiro a chegar. Deverá mostrar consistência se quiser que o seu seguidor seja inspirado a fazer o mesmo.

Quando pedir aos seus membros para fazerem sacrifícios, deverá estar presente com eles. Não deve dar todo o trabalho aos seus seguidores enquanto estiver fora de férias. Isso afetará a moral da equipa.

Seja positivo na capacidade da sua equipaem alcançar a meta.

Você precisa manter uma atitude positiva em relação ao resultado dos seus planos. Você deverá manter uma atitude positiva tanto para si como para os seus seguidores. Líderes são a fonte de força de seus seguidores. Quando os líderes estão confiantes, o mesmo acontece com os seus seguidores. Se o líder mostra dúvidas, os seguidores também começam a duvidar do processo.

Mesmo que tenha dúvidas sobre o plano, não permita que ele apareça na sua cara. Há momentos em que sente vontade de expressar os seus sentimentos por meio da raiva e da frustração.

É o seu próprio sacrifício para a equipa manter o que sente dos seus seguidores. Só deverá falar sobre os seus verdadeiros sentimentos para os seus confidentes. Eles devem ser as pessoas em quem confia para manter os seus segredos para si. Para os seus seguidores, deverá controlar as atitudes e comportamentos que demonstra para manter a moral elevada e a mentalidade voltada para a conclusão do objetivo.

Deixe os seus seguidores saberem sobre os seus sacrifícios pelas organizações.

Quando tiver a certeza de que pratica o que lhe é atribuído, deverá começar a transmitir a mensagem de fazer sacrifícios aos seus seguidores. Deverá enumerar o que lhes está a pedir deles. Deverá também explicar como esses sacrifícios poderão ajudar a equipa a atingir as suas metas mais rapidamente.

Deverá lembrar os seus seguidores da visão de sucesso para convencê-los a fazer sacrifícios pelos objetivos. Deverá também mencionar pessoas que fizeram sacrifícios no passado por alcançar o mesmo objetivo. Se é treinador de um jogo de futebol, por exemplo, poderá trazer jogadores lendários e os sacrifícios que eles fizeram para serem ótimos.

Conclusão

Obrigado novamente por baixar este livro!

Espero que este livro tenha sido capaz de encorajá-lo a melhorar suas capacidades de liderança.

O próximo passo é implementar as dicas e estratégias discutidas nos capítulos deste livro. Guarde este livro para que possa voltar às estratégias quando não tiver uma orientação no desenvolvimento de suas capacidades de liderança. Por fim, deverá continuar a aprender. Enquanto continuar a aprender sobre como capacitar as pessoas, as pessoas vão olhar para suas capacidades de liderança.

Obrigado e boa sorte!

Parte 2

Introdução

Cada pessoa que vem ao mundo conta com um tempo escasso para deixar sua marca. Todos vieram evão sair deste mundo em algum momento.

A questão é: Quem será lembrado mesmo depois de terem partido? Quem são as pessoas sobre as quais falamos, embora tenham vivido anos antes do nosso tempo?

Essas pessoas são líderes. Eles vieram, viveram e deixaram sua marca e seguimos seus passos ou no mínimo pretendemos seguir.

Nós ouvimos falar ou estudamos sobre muitos desses líderes ao longo de nossas vidas, por conta de quem eles eram e o que faziam. Esses líderes tinham qualidades que os distinguiam das massas e assim eles foram "espelhos" e serão por muito tempo, mesmo depois de terem partido.

Este eBook é sobre liderança, líderes e pessoas que pretendem alcançar este título. Nós falaremos sobre o que é um verdadeiro líder e como você pode se tornar um também, se você se esforçar para isso. Reunimos uma lista de alguns líderes cujas vidas podem servir como inspiração e motivá-lo ainda mais a se tornar uma porcentagem das pessoas que eram.

Alguns podem pensar que essas pessoas eram líderes natos e porocasião do destino se tornaram assim, mas a verdade é que todos fazem seu próprio destino. Esses líderes trabalharam duro para se seremlembrados como hoje são. Então, se você se esforçar para que isso aconteça, não haverá razões para que você não se torne um líder assim como estes foram.

Depois de concluir este livro, você terá uma visão melhor do funcionamento das mentes dessas pessoas. Isso o ajudará a aprimorar suas próprias qualidades para se tornar um bom líder e fazer sua própria marca neste mundo.

Capítulo 1: O que é liderança?

Ao nos referirmos à algumas pessoas como líderes, nós apenas temos uma idéia do tipo de pessoa que elas são e o termo lhes pareceser muito apropriado. Essa vibração que elas emitem é a sua qualidade de liderança. Você pode não ter pensado tão profundamente sobre o que é a liderança realmente e o que faz com que esses líderes sejam quem eles são, mas este eBook foi criado para ajudar você a mudar esta percepção, após obter uma compreensão clara deste tema, você estará no caminho certo para se tornar um líder. Liderança não é apenas um fato, mas várias características e comportamentos unidos queos fazem serembons líderes. Há certas característicasque podem soar mais agressivas em expressá-las em certas pessoas do que outras, portanto, destacam-se em sua personalidade. Enquanto algumas pessoas são naturalmente assim, outras podem trabalhar para que isso aconteça.

O que faz um líder?

Primeiro, vamos entender o que realmente é um líder, pois quando pensamos neste título, existem certas características associadas a ele, então quando alguémpossui essas características, dizemos que ela tem qualidades de liderança.

Um líder habilidoso é aquele que realiza as seguintes atividades:

- Inspiraos demais com sua visão;
- Motiva as pessoas a trabalharem para atingirem seus objetivos;
- Ajudaa equipe a trabalhar de maneira eficaz e que dê resultados;
- Auxilia no relacionamento interpessoal para que as pessoas se ajustem entre elas, a fim de ver que o trabalho é feito da melhor maneira.

Os pontos acima indicados são apenas uma visão geral de como tendemos a classificar as pessoas em certas categorias.

Em qualquer aspecto da vida, precisamos realizar as tarefas buscando sempre o melhor resultado. À estes que estão em posição de liderançaé atribuida a missão de ajudar e orientar de maneira mais gratificante e eficaz possível.

Estes ainda, são indivíduoscom uma visão clara do que querem e se esforçam para alcançar usando os recursos que tem disponíveis e assim conseguem com que os demais façam o mesmo, pois estes saberão como agir e terão orientação de um mentor.

Um líder pode ser aquele que se posiciona a frente em qualquersituação, pode ser em uma organização, empresa, clube ou qualquer outro grupo de pessoas. O ponto é que uma pessoa recebe o cargo de liderança para que as coisas sejam controladas e supervisionadas melhor.

As habilidades ou o estilo de liderança podem variar de pessoa para pessoa e não podem ser generalizados, por isso, acreditamos que qualquer um pode ser um líder caso se esforce para isso, sendo somente questão deaperfeiçoamento damaneira que você irá liderar.

A razão pela qual alguns líderes são tão distintos e reconhecidos mais do que outros é porque sua liderança é mais eficaz. Alguns acreditam que os líderes nascem enquanto outros acreditam que eles moldados. Nós acreditamos que pode ser ambos.

Há tantos adjetivos diferentes associados a líderes, como motivadores, inspiradores, apaixonados, carismáticos, etc. Há diversos aspectos que todos podem ter se fizerem um esforço consciente para isso.

Mas o único aspecto nato que um líder deve ter é a ambição. Se alguém está carente de ambição e falta de vontade embatalhar, ela nunca fará nada. A posição de líder estará fora de questão e você acabará sendo um seguidor,mas se você tem a ambição, a determinação e o direcionamento para qualquer coisa que você queira na vida, será natural que você leve outros a ajudá-lo a alcançar este objetivo.

Capítulo 2: Grandes Líderes ao redor do mundo

Todos reconhecem o valor de um grande líder. Eles são as pessoas que fizeram a diferença em nosso mundo e continuarão a fazê-lo mesmo depois de seu tempo.

Os grandes líderes que fizeram a diferença mais significativa em todo o mundo são respeitados e sempre serão lembrados. É por causa de suas habilidades e esforços que tantas grandes coisas poderiam ser alcançadas, mesmo quando muitos estavam convencidos de que não poderiam.

Descubra os grandes líderes que fizeram a diferença no mundo. A maioria será nomes que você já ouviu, porém quanto mais você se aprofunda em suas histórias, mais você será inspirado e motivado por elas. Isso ajudará você a desenvolver tais características em si mesmo como um bom líder as tem.

Abaixo estão alguns exemplos de grandes líderes que deixaram sua marca na história bem como mencionamos outros que estão liderando o mundo no presente para fazer uma mudança que os ajudará a deixar sua marca no futuro:

Abraham Lincoln: Este nome é provavelmente um dos mais famosos que é citado na história política americana e também muito bem conhecido em todo o mundo, homem de origem humilde e chegou ao topo como presidente dos EUA, suas qualidades de liderança fizeram dele um excelente advogado e o ajudaram a fazer mudanças significativas durante sua carreira política, como posicionamento contra a escravidão.

Aung San Suu Kyi: Esta mulher ganhou muita fama e elogios devido à sua luta pela liberdade e democracia na Birmânia. Forte em suas crenças e convicções, ela lutou por elas e inspirou outras pessoas a seguirem seu exemplo. Uma famosa prisioneira política, ela foi colocada em prisão domiciliar por anos devido a sua revolta contra a ditadura em Mianmar. Agraciada com o Prêmio Nobel da Paz em 1991, ela é uma grande líder que definitivamente merecia a honra e muitos outros títulos que foram apresentados a ela.

Benazir Bhutto: Ela é conhecida como "a dama de ferro do Paquistão" e tem sido uma das mulheres mais importantes no cenário político do país como a única mulher primeira-ministra. Líder carismática e corajosa, ela inspirou confiança em uma sociedade muito ortodoxa e conquistou respeito em todo o mundo.

Fidel Castro: Ele foi um grande líder que provavelmente desempenhou o papel mais significativo na revolução cubana e se tornou o presidente e o primeiro-ministro, sua visão deu coragem a toda a nação e ajudou a trazer a mudança que idealizou, além de ser amplamente reconhecido devido ao seu trabalho contra o racismo.

Franklin D Roosevelt: Presidente consideravelmente popular da América (EUA) que era um líder excepcional. Ele deu suporte ao país durante a Grande Depressão e liderou por quatro mandatos consecutivos,seu otimismo e liderança ajudaram o país a sair da pior crise e também fizeram um grande esforço para estabelecer a posição do país no cenário mundial.

Adolf Hitler: Sem dúvida, um dos piores seres, em termos de humanidade, mas também um dos maiores líderes que o mundo já viu. Sua poderosa oratória e confiança o ajudaram a obter controle total sobre toda uma nação por si mesmo, o que resultou em uma guerra terrível ainda que tivesse poucas habilidades de planejamento e estratégia.

Dalai Lama: O 14º Dalai Lama é o mais antigo líder vivo a ocupar o cargo de líder espiritual e político do Tibete. Ele passou anos tentando libertar o Tibete de seu domínio chinês e prega métodos pacíficos não violentos para o seu propósito. Ele também foi honrado com o Prêmio Nobel e tem a maioria da população tibetana, bem como o respeito ao redor do mundo.

Martin Luther King Jr: Este afro-americano deixou sua marca na história americana e mundial devido ao seu trabalho pelos direitos civis dos negros. Ele liderou muitos protestos para lutar contra a segregação racial e seu discurso "Eu tenho um sonho" é provavelmente uma das palavras mais famosas de todos os tempos. Concedido com o Prêmio Nobel da Paz, ele é um dos mais famosos ícones de direitos humanos do mundo.

Swami Vivekananda: Ele é um dos maiores líderes espirituais com um grande número de seguidores em todo o mundo. Seu trabalho para difundir o hinduísmo é uma das principais razões pelas quais desenvolveu seguidores em países fora da Índia. Seu intelecto e palavras poderosas fizeram suas convicções inspirar as massas que ele abordou durante sua vida.

Subhash Chandra Bose: Ele é um líder político proeminente e revolucionário da Índia que lutou por sua independência. Seu patriotismo e ideologia encontrou muitos seguidores que lutaram pelo país sob sua liderança. Ele é considerado um herói nacionalista e sua poderosa oratória moveu muitas pessoas de tal forma que suas palavras ainda são lembradas.

Napoleão Bonaparte: Ainda outro nome proeminente na história do mundo, ele foi um líder revolucionário que moldou o futuro da França. Ele é conhecido por ser um dos melhores comandantes militares que o mundo já viu e ajudou a liderar seu país para sair de uma crise usando suas reformas.

Nelson Mandela: Um dos mais famosos africanos de todos os tempos, seu nome será para sempre contado entre os grandes líderes. Ele foi o ex-presidente da África do Sul e foi homenageado com muitos títulos como por exemplo: o Prêmio Nobel da Paz, o Prêmio Lenin da Paz, o Prêmio Internacional Gandhi, etc. Sob sua liderança, os africanos lutaram contra o apartheid e finalmente puseram fim às suas lutas raciais.

Existem centenas de outras pessoas que têm um lugar distinto na história. Você vai até encontrar muitos líderes que estão fazendo uma marca no mundo agora de tal forma que eles serão lembrados por um longo tempo e por anos posteriores. Estar consciente de tais líderes ajudará você a se tornar um deles também.

Capítulo 3: Como desenvolver sua personalidade?

Nunca é tarde demais trabalhar em si mesmo e desenvolver sua personalidade de uma maneira melhor. Para se tornar um líder, é preciso primeiro trabalhar em auto-realização para que eles possam convencer da mesma maneira.

Desenvolver-se é um processo vitalício e precisa ser constantemente trabalhado. Quanto mais você continuar trabalhando, melhor irá visualizar o progresso.

É necessario entender que o seu desenvolvimento pessoal é de sua responsabilidade e essa é a melhor parte, pois você pode ficar tão bom quanto desejar e sem depender de outros para que isso aconteça.

O desenvolvimento pessoal o ajudará de muitas maneiras diferentes e afetará sua vida positivamente e não terá que depender dos outros ou deixar as coisas ao acaso para fazer a diferença em sua vida.

As etapas a seguir ajudarão você no desenvolvimento pessoal:

Seja confiante. É muito importante estar confiante sobre quem você é e o que quer da sua vida. Se você não está confiante, isso também não inspira confiança nos outros. Constantemente motivar e encorajar-se a ver as coisas positivas em você.

Não tente agir como outra pessoaou imitar. Seja você mesmo e expresse exatamente quem você é, sem ser influenciado pelos outros. Cada pessoa tem sua própria personalidade e você só precisa trabalhar para melhorar a si mesmo. Isso não significa que você tenha que começar a agir como alguém que não é.

Trabalhe na sua linguagem corporal. A maneira como você se comporta ou se expressa, deixa um impacto nas pessoas ao seu redor. Então, quanto melhor você conseguir, melhor será a impressão, como por exemplo, sentar em linha reta e fazer contato visual são mais importantes do que você imagina.

Dê tempo para si mesmo e pense em quem você realmente é. A auto-reflexão é muito importante e ajudará você a se conhecer melhor.

Seja humilde e evite a confiança excessiva a qualquer custo. Isso irá ajudá-lo de muitas maneiras e sempre deixa uma boa impressão nos outros, caso contrário eles terão uma impressão negativa sobre você e farão um esforço consciente para evitá-lo.

Passe mais tempo melhorando seus pontos fortes do que superando suas fraquezas. Isso irá ajudá-lo a ficar à frente enquanto você tem tempo para superar as falhas em sua personalidade lenta mas firmemente.

Constantemente se esforce para adquirir mais conhecimento, seja elas habilidades práticas ou através da leitura, ou seja, quanto mais você sabe, mais à frente você estará. Isso irá ajudá-lo no relacionamento interpessoal, para que você nunca se perca quando algum novo tópico surgir na conversa.

Esteja sempre aberto para conhecer novas pessoas e expandir seus contatos. Isso é sempre útil e terá um impacto positivo em você, tanto pessoal como profissionalmente.

Observe a sua volta quem são as pessoas bem sucedidas e use-as como exemplos e aprenda algo positivo delas. Elas vão inspirar e motivar você a fazer a diferença em sua vida também.

Tente melhorar seu julgamento das pessoas. Não seja muito cauteloso com as pessoas e também não confie rápido demais. Dê a elas, a chance de se provar antes de julgá-las. Julgamentos rápidos são freqüentemente errados.

Seja positivo e otimista. Isso o ajudará a enfrentar qualquer situação na vida, por mais difícil que pareça no momento. Se você tiver em mente que isso vai passar e as coisas vão melhorar, fica muito mais fácil lidar com este momentos. Seja positivo sobre as outras pessoas também e isso vai refletir de volta para você.

Tenha uma personalidade útil. Não pense apenas em você e no que quer. Quando você pensa nas necessidades dos outros, eles farão o mesmo por você em algum momento. E não se trata apenas de receber algo em troca, mas apenas o bem de fazer algo que vale a pena aos demais.

Saia da sua zona de conforto e não tenha medo de correr riscos. Embora isso possa levar tempo, é algo que você realmente precisa trabalhar. Grandes líderes não são aqueles que têm medo de fazer o que precisa ser feito. São pessoas dispostas a fazer o que for preciso para alcançar seus objetivos.

Não seja agressivo. Seja compassivo e calmo ao lidar com o próximo. Isso só pode ser feito quando você aprende a ser menos ansioso e agressivo e está disposto a entender as perspectivas dos outros.

Enquanto você desenvolve sua própria personalidade, também é importante pensar especificamente sobre características que o ajudarão a ter um melhor relacionamento. Este e-book é sobre liderança e você não pode liderar outras pessoas quando não se tem umbom convívio. É aqui que as habilidades interpessoais entram em foco. Estas são algumas dicas que o ajudarão a entender como se conectar com outras pessoas e ter uma comunicação positiva. Melhorar estas habilidades desempenha um papel importante no desenvolvimento da personalidade.

Os pontos a seguir são os que devem ser focados para melhorar as habilidades interpessoais que são essenciais em um líder:

Primeiro identifique as caracteristicasmais escassas em você e como isso afetou a sua vida. Isso irá ajudá-lo a perceber, o que você precisa para superar essas deficiências.

Antes de reagir a algo, tente se colocar na posição deles. Quando você observao cenário da perspectiva da outra pessoa, você terá uma melhor compreensão da situação. Isso o ajudará a reagir de maneira melhor, em vez de apenas pensar em sua própria perspectiva, ignorando a outra pessoa.

Seja justo e generoso com os demais. Se você só pensa em si mesmo e em suas necessidades, isso terá um impacto negativo em seus relacionamentos. Muitas vezes, é por isso que as pessoas tendem a falhar em algumas relações, independentemente da natureza delas. Se alguém sempre te presenteia com algo, certifique-se de que você nem sempre está do lado do recebedor, tenha reciprocidade em suas relações.

Não seja introvertido ou exclua você mesmo ou outras pessoas. É preciso manter contato com as pessoas para estabelecer um vínculo com elas.

Melhore sua posição de ouvinte, não seja sempre a pessoa que fala. Se você não permitir que a outra pessoa se expresse, isso pode levar a mal-entendidos e sentimentos ruins.

Não leve tudo muito a sério. Tenha senso de humor e leve a vida de maneira leve, para que os outros não se sintam muito pressionados. Isso traráuma maneira encantadora e agradável para trabalhar.

Seja claro ao se comunicar. Isso ajudará a ser melhor compreendido e transmitira suamensagem de forma eficaz sem que haja confusão.

Seja ético. Se você é digno de confiança e pratica a integridade, os outros retribuirão positivamente da mesma maneira. Por outro lado, se você é antiético, não haverá razão para que outras pessoas o tratem de maneira ética.

Comunique-se constantemente e mantenha contato com eles para manter um bom relacionamento e fluxo de trabalho.

Colabore com o trabalho em equipe. Não se trata apenas de comandar e criticar, os auxilie e se comprometa quando for necessário. Elogie os membros da equipe o suficiente para que eles estejam motivados a trabalhar com você.

Manter tudo isso em mente definitivamente o ajudará a se desenvolver em alguém digno de ser seguido.

Capítulo 4: Como ser um líder melhor?

Depois de trabalhar para se tornar melhor em todos os aspectos da vida, você definitivamente se tornará um líder que os outros possam admirar.

Os líderes costumam ascender sobre a pessoa que está tentando liderá-los quando percebem que estes não acreditam em suas próprias convicções. Eles, então, fazem um esforço maior para descobrir o que desejam para a própria vida e dedicam-se para liderar com intuito de atingir seu objetivo. Este fato, frequentemente tem motivado os grandes líderes que conhecemos a fazer a diferença no mundo.

Um bom líder tem uma visão diferente dos demais, estão sempre confiantes e claros do que almejam e vêem em um ambito maior. Isso os ajuda a se concentrar no objetivo que eles pretendem alcançar e persuadir os que estão a sua volta para se alinharem a esse objetivo.

Liderança é uma atribuição importante que torna uma grande responsabilidade para aquele que assume este papel. È necessario ter a percepçãode que mesmo as menores ações fazem uma grande diferença e devem sempre ter isso em mente. Embora seja muito fácil criticar os que são subordinados a você, um líder precisa constantemente encorajar e inspirar aqueles que estão indo bem. Isso irá motivá-los a trabalhar com mais esforço para o sucesso desse objetivo comum. Não é tudo sobre coerção e isso apenas faria de você um ditador, mas não um grande líder.

A seguir estão algumas das qualidades associadas a um grande líder em que você deve se concentrar:

Um bom ouvinte
Focado
Carismático
Comprometido
Corajoso
Apaixonado
Responsável
Auto-disciplinado
Visionário
Útil

Generoso
Competente
Positivo

Estes são apenas alguns dos adjetivos positivos para ter êxito. Quando você trabalha no desenvolvimento da personalidade, deve ter estas qualidades em mente e aprimoraressas esferas. Isso fará com que sua liderança seja muito mais eficaz.

Em seguida mais algumas dicas comportamentais:

Não dependa de outros para o seu próprio sucesso e desenvolvimento. Assuma o controle de si mesmo e não seja passivo. As pessoas o seguirão automaticamente quando sentirem que você confia em seus objetivos.

Tome a iniciativa de realizar o que deseja e não espere para seguir os outros. Então você será um seguidor que ajuda alguém a realizar seus sonhos enquanto o seu está adormecido. Fique atento e se adapte às pessoaspara direcioná-las para o que você almeja.

Descubra quais são seus pontos fortes e concentre-se neles. Se você é bom em algo, pode trabalhar para aperfeiçoar esta competencia que consequentemente ajudará você a ser um melhormentor nessaárea.

Tenha uma visão Clara do que deseja e se concentre em fazer o que for preciso para que se torne realidade. E através da sua persuasão com as pessoas ao seu redor faça com que o seu objetivo seja o delas também. Seu compromisso com sua objetivo será enriquecedor.

Encontre pessoas em quem você possa confiar e se for o caso, para fazer parte do seu grupo. Eles farão muita diferença em tornar sua visão um sucesso.As pessoas erradas podem ser a razão pela qual você enfretará o fracasso.

Tente fazer as coisas de maneira diferente e melhor. Isso deixará um grande impacto e distingue você dos demais.

Trabalhe para melhorar suas habilidades e se desenvolver sempre que puder, para ficar no topo. Uma vez que você começar a declinar será o inicio para duvidarem de sua liderança.

À medida que mantem seu padrao de qualidade pessoal, seja também positivo e encorajador, pois seus subordinados quando são apreciados e incetivados, estarão mais motivados e inspirados a segui-lo. O que fatalmente fará com que fiquem mais atentos a alcançar o objetivo.

Se você acredita que há algo novo que poderáauxiliar de maneira positiva a alcançar o que deseja, vá em direção a ele. Não tenha medo de correr riscos e entrar em algo novo.

Não defina metas que não possam ser cumpridas e que seja penoso demais para executar. Seja rigoroso e firme, mas não duro. A crítica deve ser construtiva e não desmoralizadora. Isso só funcionará contra você e seus objetivos. Um líder precisa ter melhor controle sobre suas emoções e não deixar que atitudes passionais o torne excessivamente exigente.

Os líderes precisam ser otimistas e acreditam que podem superar qualquer obstáculo. Se você não está convencido do resultado final que você quer, definitivamente não irá definir o tom certo para o seu esforço. Se você tem certeza do que quer, então nada que esteja no seu caminho será um problema que não poderá ser superado. Seja resiliente e persevere com a finalidade de alcançar seus objetivos. Desistir em algum momento não é uma opção.

Expresse suas convicções aos que estão ao seu redor, para que eles saibam claramente o que o torna digno de ser um líder. Se você reconhece e anuncia seus próprios ganhos, não precisa esperar para ser reconhecido por outras pessoas. Isso não serve como ostentação, mas meramente leva em conta o que você realmente é capaz de fazer sem ser futilmente modesto.

 Estude os membros de sua equipe adequadamente para conhecer seus pontos fortes e fracos. Cada um terá diferentes pontos fortes como característica. Uma vez que você descubra cada um deles poderá auxilia-losa ultilizaresses pontos em benefício do seu propósito. Não adianta criticar alguém por não ser bom em algo, quando se pode remanejar este e ter resultado melhor. Esse é o trabalho do líder quanto á supervisão.

Melhorar suas habilidades de comunicação é de extrema importância. Quanto melhor você for ao expressar o que deseja, acredita, visualiza, etc, melhor o compreenderão. Se você não conseguir se comunicar de maneira clara e convincente, sua visão permanecerá não expressa e, portanto, não será cumprida. Torne suas habilidades de comunicação impactantes para que elas transmitam exatamente o que você quer de uma maneira concisa e informativa.

Não presuma que ser o líder significa que você precisa fazer todo o trabalho sozinho ou colocar toda a carga de trabalho nos outros membros do grupo. Como líder, você precisa supervisionar para que o trabalho seja bem feito e também no prazo estipulado. A delegação de funções é importante para que você não se sinta sobrecarregado.

Assuma a responsabilidade por suas ações, mesmo que o resultado seja negativo, não o evite e assuma a responsabilidade da mesma forma que você faria se o resultado fosse positivo. Tenha a coragem de enfrentar o que vier pelo seu caminho.

Constantemente, verifique o desempenho. Isso deve começar com verificações automáticas para ter certeza de que você está analisando os fatos antes de criticar o trabalho alheio e a partir do desempenho dos membros de sua equipe e dar o feedback do que não foi feito da maneira correta.

Seja um exemplo. Quanto melhor você fizer o seu trabalho e se manter motivado, melhor será a visão que têm sobre você. Isso os ajudará a se tornar determinado e ser mais produtivo.

Depois de ter trabalhado no desenvolvimento pessoal e também como orientador, você definitivamente verá a mudança. Essa mudança será eficaz em sua vida, em sua capacidade de liderar e em como você será bem-sucedido na realização de suas metas.

Conclusão

Um grande líder está convencido de suas próprias visões e crenças e tem as qualidades para conduzir os que estão a sua volta a terem esses mesmos objetivos. Este eBook foi criado com a intenção de ajudá-lo a se tornar um líder.

Com todos os exemplos dos grandes líderes que fizeram a diferença para o nosso mundo, você pôde obter uma idéia clara das qualidades que estes possuiam.

Agora você tem uma compreensão melhor do que a liderança realmente é os atributos essenciais para fazer um líder se destacar dos demais. As pessoas de quem falamos irão certamente inspirá-lo, à medida que se empenhar para liderar e inspirar outros também.

Usando todas as informações e orientações para desenvolver sua personalidade, você pode se esforçar para se tornar um grande líder e assim logo verá uma diferença em si mesmo e na maneira como as pessoas respondem a você.

Trabalhe em si mesmo e use outros grandes líderes do mundo, para motivá-lo a seguir seus passos da mesma forma. Haverá muitos outros que estarão seguindo você. Torne-se o líder quealmeja ser. Talvez anos depois, você poderá igualmente ser usado como exemplo de grande líder.

Gostaríamos também de expressar nossa gratidão por baixar este e-book e espero que tenha sido útil e poderá compartilhá-lo com pessoas das quais acredita que será proveitoso como foi para você.

www.ingramcontent.com/pod-product-compliance
Lightning Source LLC
Chambersburg PA
CBHW071909070526
44583CB00016B/1913